The Moon in the Cusp of My Hand

La luna en la cúspide de mi mano

CRUZANDO EL AGUA

Colección de poesía

Poetry Collection

CROSSING THE WATER

R.H. Lola Koundakjian

THE MOON IN THE CUSP
OF MY HAND

LA LUNA EN LA CÚSPIDE
DE MI MANO

Nueva York Poetry Press®

Nueva York Poetry Press LLC
128 Madison Avenue, Oficina 2RN
New York, NY 10016, USA
Teléfono: +1(929)354-7778
nuevayork.poetrypress@gmail.com
www.nuevayorkpoetrypress.com

The Moon in the Cusp of my Hand
La luna en la cúspide de mi mano
© 2019, R.H. Lola Koundakjian

ISBN-13 978-1-950474-27-1

© Traducción:
Victoria Lee Hood
Silvia Rafti
Benjamín Valdivia

© Contraportada: Nancia Agabian

© Colección Cruzando el agua vol. 1
(Homenaje a Sylvia Plath)

© Concepto de colección y edición: Marisa Russo

© Cuidado editorial:
Luis E. Rodríguez Romero, Josefina Russo y Marisa Russo

© Diagramación: Luis E. Rodríguez Romero

© Diseño de colección y cubierta: William Velásquez Vásquez

© Fotografía de portada: Adobe Stock License 167647816

© Fotografía de la autora: Alison Collins

Koundakjian, R.H Lola
The Moon in the Cusp of My Hand / La luna en la cúspide de mi mano/ R.H. Lola
Koundakjian. 1a edi-- New York: Nueva York Poetry Press, 2019. 194p. 5.25 x 8 inches

1. Poesía armenia. 2. Poesía euroasiática. 3. Literatura euroasiática.

ACKNOWLEDGEMENTS

Many thanks to the late Diana Der Hovanessian whose example to a younger generation of Armenian authors led us to achieve more. To Albert K. Kapikian and Sotère Torregian, whose encouragement pushed me further as a writer and translator. Gratitude to the editors at *2 Horatio, The Five-Two, BigCityLit, Enchanting Verses, Naugatuck River Review, And Then, Poems and Illuminations Poetrybay.com, Mizna, Poems for Mamilla, Tuesday Night Live* where some of these pieces were previously published.

Special thanks to Benjamin Valdivia for his translations, and Marisa Russo, the publisher of this beautiful series, for this great opportunity.

ༀ ✿ ༁

RECONOCIMIENTOS

Extiendo mi profundo agradecimiento a la difunta Diana Der Hovanessian cuyo ejemplo para las jóvenes generaciones de autores armenios nos llevó a conseguir mucho más. A Albert K. Kapikian y Sotère Torregian, por alentarme a ser mejor escritora y traductora. Gracias a los editores de *2 Horatio, The Five-Two, BigCityLit, Enchanting Verses, Naugatuck River Review, And Then, Poems and Illuminations Poetrybay.com, Mizna, Poems for Mamilla, Tuesday Night Live* donde previamente se publicaron algunas de estas piezas.

Le agradezco especialmente a Benjamin Valdivia por sus traducciones, y a Marisa Russo, editora de esta magnífica serie, por concederme esta gran oportunidad.

To teachers, poets and lovers.

A los maestros, poetas y amantes.

I

An Anthropology of Emotions

Antropología de las emociones

AWAKENING

There is a moment before you realize you are awake,
a split second, before the gentle whisper from the heater,
before the need for a glass of water,
or the removal of the sweater the cold night made you
wear.

A moment, when your mind is occupied by a picture,
before grey cells remember tomorrow's agenda, or
realize that morning is quite far off
and the coffee is not already made.

A pause before the regurgitation of last night's program,
the excellent book turned into a bad film,
the zests of the salad at dinner time,
the fruity flavors of that red zinfandel.

Before the body overrules the mind to get up, or
turn in bed and return to oblivion,
end the interregnum, ignore it completely,
or take pen to paper and record it gently.

DESPERTAR

Hay un momento en el que no estás seguro si ya te has
despertado,
un breve segundo, antes del suave murmullo del calentador
antes de necesitar un vaso de agua,
o quitarte el suéter que la noche fría te obligó a usar.

El instante en que una imagen ocupa tu mente
antes de que los recuadros grises del calendario
te recuerden la agenda de mañana, o
te des cuenta que el día avanza
y el café todavía no está listo.

Una pausa antes de expulsar el programa de anoche,
el excelente libro convertido en una pésima película,
los sabores de la ensalada a la hora de la cena
el gusto afrutado de ese tinto zinfandel.

Antes de que el cuerpo anule la mente para levantarse, o
se dé vuelta en la cama para darle la espalda al olvido,
culmina la pausa; ignóralo por completo,
o lleva la pluma al papel y regístralo con ternura.

[Traductor: Benjamín Valdivia]

MOODS

The heart is a small, cracked cup, easy to fill, impossible to keep full.
JAMES RICHARDSON

I come to you tonight
after a wonderful concert.
I am looking for love.

I heard some Bach, Beethoven then Schumann,
not just any sonata —
the F Sharp minor op 11 —
I know that one so well.

I sat there transported,
envisioning myself in bed with you,
naked and laughing,
surrounded by sheets of paper.
Me, reading poetry; you, interrupting me with kisses
then making love.

I come to you this evening
after a walk in Washington Square Park.
I am looking for love.

I was watching a painter
splashing colors on a canvas:
Indian yellow, cerulean blue and zinc white
Not just any paint —
but colors like winter solstice, the sky, and your skin.

ESTADOS DE ÁNIMO

El corazón es una pequeña taza agrietada, fácil de llenar, imposible de mantener llena.
JAMES RICHARDSON

Vengo a ti esta noche
después de un maravilloso concierto.
Estoy buscando un amor.

Escuché un poco de Bach, Beethoven y luego Schumann,
no cualquier sonata—
el op.11 en Fa sostenido menor—
esa la conozco muy bien.

Me senté allí embelesada,
imaginándome
desnuda y riendo,
rodeada de hojas de papel.
Yo, leía poesía; tú, me interrumpías a besos
Estoy buscando un amor.

Vengo a ti esta tarde
tras un paseo por el Washington Square Park.
Estoy buscando un amor.

Mientras miraba a un pintor
salpicar colores en un lienzo:
amarillo indio, azul cerúleo y blanco zinc
no cualquier pintura —
sino colores como el solsticio de invierno, el cielo, y tu

piel.

I sat there transported,
envisioning myself
in bed with you.

I come to you tonight
after hearing a jazz quartet at Bar 55.
I was looking for love.

I heard mellow tunes from the 60's
not just any composition —
but Herbie Hancock's *Maiden voyage*
music from our last night together.

I sat there transported,
envisioning myself in bed
with someone other than you.

Me senté allí embelesada,
imaginándome
en la cama contigo.

Vengo a ti esta noche
tras escuchar a un cuarteto de jazz en el Bar 55.
Estaba buscando un amor.

Escuchaba tiernas melodías de los 60
no cualquier composición —
sino *Maiden voyage* de Herbie Hancock
música de nuestra última noche juntos.

Me senté allí embelesada,
imaginándome,
con alguien que no eras tú.

[Traductora: Silvia Rafti]

YOU CAN TELL ME ANYTHING

I

You can tell me anything -
just whisper it in my ear;

borrow my poetry books,
underline favorite words
with a pencil;

come over anytime
for some wine,
a cooked meal,
help me unmake the bed.

ME PUEDES DECIR CUALQUIER COSA

I.

Me puedes decir cualquier cosa -
Sólo susúrrame al oído;

toma prestados mis poemarios,
subraya las palabras favoritas
con un lápiz;

ven en cualquier momento
por vino,
comida,
ayúdame a deshacer la cama.

II.

They say all humans are connected,
must I share DNA

with good and evil people,
break bread with

the shy and the extroverted
the virgin, the prostitute
and the insane?

III.

There is a quickening
of the mind
when one listens to jazz,
Bach and Glass.

II.

Dicen que todos los seres humanos están conectados,
¿debo compartir mi ADN

con gente buena y gente mala,
partir el pan con

los tímidos y los extrovertidos
la virgen, la prostituta
y los insensatos?

III.

La mente
se agiliza
cuando se escucha un jazz,
a Bach y a Glass.

[Traductora: Victoria Lee Hood]

MEMORIES

To my mother, Aida.

I visit you every Sunday
and while sitting next to me
you ask about dad
without noticing
without remembering
that it's been years since...

I drop by on Sundays
while you try to rest
and, surrounded by family pictures,
you ask, whose faces are these?

I answer your questions repeatedly
but you no longer recognize
your sister and her kids,
your father and mother,
sometimes even my brother,
and I notice that I too slowly....

I come by every Sunday
and notice you progressively...

I will visit you every Sunday
until you rest, dear Mother
until you ....

RECUERDOS

A mi madre, Aida

Te visito cada domingo
y mientras estás sentada a mi lado
preguntas por papá
sin darte cuenta
sin recordar
que han pasado años...

Paso los domingos
mientras intentas descansar
y rodeada de fotos de familia,
preguntas, ¿de quiénes son estas caras?

Respondo a tus preguntas repetidamente
pero ya no reconoces
a tu hermana y sus hijos,
a tu padre y madre,
a veces incluso a mi hermano,
y me doy cuenta de que a mí lentamente también....

Vengo cada domingo
y te diviso progresivamente...

Te visitaré cada domingo
hasta que descanses, querida Madre
hasta que tu....

[Traductora: Silvia Rafti]

THE LAST ONE

It's the last of the hippie days
the last song and dance
careless dinners
stolen like forbidden fruit

from the city stalls
like a street beggar hungry and thirsty
while the rest of humanity
is in the horn of plenty

or so it feels.

Are lovers wolves in sheep's clothing
was the warning an honest display,
mixed up with the chemistry of
desire

This body old, this body warm,
wants to make love to a man
ready to open his heart
include me in his circle of friendships and fire

But it's the end of making plans
the last song and dance
careless dinners
stolen like forbidden fruit.

EL ÚLTIMO

Es el último de los días hippies
la última canción y el último baile
cenas descuidadas
robadas como fruta prohibida

de los puestos de la ciudad
como mendigo con hambre y sed
mientras que el resto de la humanidad
vive del fruto de la abundancia

o se siente así.

Son los lobos amantes vestidos de oveja
que nos advierten con honestidad,
que la química del deseo
crea confusión.

Este cuerpo viejo, este cuerpo cálido
quiere hacer el amor con un hombre
dispuesto a abrir su corazón
incluirme en su círculo de amistades y fuego

Pero aquí terminan los planes
la última canción y el último baile
cenas descuidadas
robadas como fruta prohibida.

[Traductor: Benjamín Valdivia]

MEDITATIONS ON FEAR

Unread letters,
stacked up near the front door

Bills
gnawing at your nerves

Rain dripping
on your picnic

The alarm beeping
for your burnt food

Finding a stranger's hair
in a borrowed library book

Not understanding a passage
in classical literature

Eating breakfast
alone

The fog enveloping
your solitude —

a warm cocoon — as you walk
down the street.

R.H. Lola Koundakjian

MEDITACIONES SOBRE EL MIEDO

Las cartas sin leer,
apiladas cerca de la puerta principal

Las facturas
roen los nervios

La lluvia gotea
sobre el picnic

El detector suena
la comida se ha quemado

Encuentro el cabello de un desconocido
en un libro prestado de la biblioteca

No entiendo un pasaje
de literatura clásica

Desayuno
sola

La niebla envuelve
tu soledad —

es una burbuja tibia — mientras caminas
por la calle.

[Traductora: Silvia Rafti]

READING OUT OF CONTEXT

When they read *sirens drew him*
do they understand it as the seduction
of women luring the sailors and Odysseus?

Or perhaps those helping Persephone
after her abduction, dying like vegetation every autumn
and her regeneration in springtime?

Perhaps they imagine a camera panning to
a washed-up bearded man on Hollywood Boulevard,
a background of red lights in soft blur.

LEEN FUERA DE CONTEXTO

Cuando leen las *sirenas lo cautivaron*
¿lo entienden como la seducción
de mujeres atrayendo a los marineros y a Odiseo?

¿O quizás infieren que trata de aquellos que ayudaron a
$$\text{Perséfone}$$
después de su secuestro, a morir como
$$\text{la vegetación cada otoño}$$
y a regenerase en primavera?

Quizás imaginan una cámara captando una panorámica
a un barbudo recién bañado en Hollywood Boulevard,
a un tenue fondo de luces rojas.

[Traductora: Victoria Lee Hood]

CAFFÉ REGGIO

During visits to the West Village
I find myself stopping at this old haunt –

a pilgrimage for the senses
to a caffé unchanged

since before the day I set
foot in New York City.

Towards the left, patrons sit on iron
backed chairs and carved wooden benches

their drinks resting on
marble topped tables.

In the center, the WC's narrow door
quoting Dante's *Inferno - abandon all hope, Ye who enter.*

On the walls painted a medium brown,
artworks hang, the ceiling and moldings

bow slightly, listening to classical music
playing through invisible speakers.

The original owners have passed on
and the laws have made it smoke free

but little else has changed in this *caffé*
since the 30's; neither the size of its menu,

CAFFÉ REGGIO

Durante las visitas al West Village
me hallo deteniéndome en mi antiguo refugio –

un peregrinaje para los sentidos
de un café que sigue intacto

desde el día en que
llegué a Nueva York.

A la izquierda, los clientes se sientan en
sillas respaldadas de hierro y bancos de madera tallada

las tazas reposan
sobre las mesas de mármol.

En el centro, la puerta estrecha del baño
hay una cita del *Infierno* de Dante – *abandonad toda
esperanza, vosotros que entráis.*

En las paredes pintadas de pardo,
cuelgan obras de arte, el techo y las molduras

se inclinan levemente, música clásica
suena por unos altavoces invisibles.

Los dueños originales se han ido
y las leyes lo hicieron libre de humo

sin embargo pocas otras cosas han cambiado en este café
desde los 30s; ni el tamaño del menú,

nor the strength of its delicious coffees,
the affordable pots of tea and sandwiches.

Patrons still sit in dark corners, wearing black,
craving to be enveloped in smoke.

Souls eavesdrop the sound of an espresso
brewing and steamed milk gurgling.

In this *caffè* one searches for the Beats and
hippies and the enchantment of Bohemian life.

ni la intensidad de sus exquisitos cafés,
teteras y bocadillos a precios módicos.

Los clientes todavía se sientan en rincones oscuros,

                                  vestidos de negro,

ansían que el humo los envuelva.

Las almas escuchan a escondidas el sonido de la cafetera
expreso y la ebullición de la leche evaporada.

En este café uno busca a los *Beats* y
hippies y el encantamiento de la vida bohemia.

                              [Traductor: Benjamín Valdivia]

EASTER 2014

To Albert

Back in the world of ICUs,
doctors and nurses,
I witness tethered
men and women,

remember the stink
of bloody stool
deflected by the scent
of hand sanitizers,

and long evenings
by Dad's bedside,
reading him poems
on semi-comfy chairs.

I juggle leaves of absence,
a restful night, the amalgamation
of various ERs and procedures
at four different hospitals.

Too many infections and IVs;
too many hours in waiting rooms,
hearing ventilators hum,
always searching for comfort

and friends bearing soup.
ER is purgatory, *habibi*, while ICU is heaven.
Strong vitals we pray for O Mother of God.
Give us today your best antibiotics.

Semana Santa 2014

Para Albert

De nuevo en el mundo de la UCI,
médicos y enfermeras,
Doy fe de hombres y mujeres
atados,

recuerdo el hedor
de las heces ensangrentadas
camufladas por el olor
del desinfectante de manos,
y atardeceres largos
al lado de mi padre,
leyéndole poemas
en sillones semi-cómodos.

Hago malabarismos con las ausencias laborales,
una noche tranquila, la amalgama
de diversas salas de emergencia y operaciones
en cuatro hospitales.

Demasiadas infecciones y vías intravenosas;
demasiadas horas en salas de espera,
escuchando el zumbido de los respiradores,
siempre en busca consuelo

y amigos trayendo sopa.
La sala de emergencia es el purgatorio, *habibi*, mientras la
UCI es el paraíso.
Oramos por signos vitales fuertes O Madre de Dios.
Danos tus mejores antibióticos.

[Traductora: Silvia Rafti]

AFTER THE WAR

Books due at the public library.

No public library.

Empty seats in the classroom.

Empty schools.

Chatter free water cooler.

No water.

Empty seats in the Metro.

Empty stations.

Empty playgrounds.

Empty households.

No more newspapers piling up.

No more printing presses.

Empty houses of worship.

No queues at the bank.

No banks.

No wait time at the dentist's.

No dentist.

Refugee camps.

Rabid dogs.

Empty stages.
Empty museums.

Only walls.

Parks destroyed.

Airports bombed.

Peace abolished.

R.H. Lola Koundakjian

DESPUÉS DE LA GUERRA

Libros para devolver a la biblioteca pública.

> No hay biblioteca pública.

Asientos vacíos en la clase.

> Escuelas vacías.

Dispensador de agua sin charla.

> No hay agua.

Asientos vacíos en el metro.

> Estaciones vacías.

Áreas de juego vacías.

> Hogares vacíos.

No más periódicos apilándose.

> No más imprentas.

Templos vacíos.

No hay colas en el banco.

> No hay bancos.

No hay tiempo de espera en el dentista.

> No hay dentista.

Campos de refugiados.

> Perros rabiosos.

Escenarios vacíos.

> Museos vacíos.
>
> Solamente paredes.

Parques destruidos.

Aeropuertos bombardeados.

Paz abolida.

[Traductora: Silvia Rafti]

GEOMETRIES

I. Flushing Meadows-Corona Park, Queens

A round garden, with neo Doric cement columns,
a sun shaped center for a roof,
a vast esplanade - moss growing.

Three structures of progressive heights,
abandoned arches, corners and curves.
Archaeology at the edge of town.

II. Highbridge Park Water Tower, Washington Heights

Late 19th century structure.
Inside, a long winding
iron staircase

Abandoned 50 years ago
a point of reference
to all heading South.

GEOMETRÍAS

I. Parque de Flushing Meadows-Corona, Queens

Un jardín redondo, con columnas de cemento
neo-dóricas,
un centro solar por techo,
una amplia explanada de musgo creciente.

Tres estructuras de alturas progresivas,
arcos abandonados, esquinas y curvas.
Arqueología en los bordes de la ciudad.

II. Parque Highbridge Water Tower, Washington Heights

Estructura de finales del siglo XIX.
Adentro una larga sinuosa
escalera de hierro.

Abandonado hace 50 años
un punto de referencia
para todos los que van al sur.

III. Childs Restaurant, Coney Island

A table at a landmark café,
a boardwalk view of the Atlantic,
coffee tasting of the sea.

Eighty years of visitors
to a quiet winter's neighborhood and
summers full of sunshine.

IV. Ellis Island

Giant autoclaves
to disinfect TB
laden mattresses

Seven hundred beds
banned for would be
immigrants

R.H. Lola Koundakjian

III. Restaurante Childs, Coney Island

Una mesa en un café emblemático,
una vista del Atlántico desde el paseo marítimo,
café con sabor a mar.

Ochenta años de visitantes
a un tranquilo barrio en invierno y
de veranos llenos de sol.

IV. Ellis Island

Estirilizadores gigantes
para desinfectar
colchones llenos de tuberculosis

Setecientas camas
prohibidas para futuros
inmigrantes.

[Traductora: Silvia Rafti]

A Cruel Winter

Au milieu de l'hiver, j'ai découvert en moi un invincible été.
ALBERT CAMUS

I.

Sunday, during a mild week-end,
Staten Island Chuck and his pal
in Pennsylvania saw their shadow
predicting six more weeks of winter.

On Monday, Mother Nature, as if on cue,
dumped 4-6 inches of snow.
At dawn the next day, three larks perched
on my fire escape for a snow bath.

Around 8 AM, thousands of
flakes were crushed
by children's footsteps
near PS 187.

II.

During the Polar Vortex –
that freezing month in early 2014 –
I gave Harry the homeless a fleece blanket.
Three days later, he said it was stolen.

UN INVIERNO CRUEL

Au milieu de l'hiver, j'ai découvert en moi un invincible été.
ALBERT CAMUS

I.

Domingo, fin de semana apacible,
Staten Island Chuck y su amigo
en Pennsylvania vieron su sombra
predecir seis semanas más de invierno.

El lunes, la madre naturaleza, como señal
lanzó de 4 a 6 pulgadas de nieve.
Al amanecer del día siguiente, tres alondras se posaron
sobre mi escalera de incendio para tomar un baño de
                                            nieve.
Cerca de las ocho de la mañana, miles de
copos fueron aplastados
por las huellas de los niños
junto a la escuela pública 187.

II.

Durante el vórtice polar –
aquel mes congelado a principios de 2014 –
le regalé a Harry, el desamparado, una cobija de felpa
Tres días más tarde, me dijo que se la habían robado

III.

My coffee tasted bitter that morning;
an image of your father's body
convalescing, asleep, while you
kept watch at the ICU.

What could I write about a man
on his hospital bed?
How could I comfort his son I had
met only through poetry?

IV.

It was the winter of our discontent.
I burnt that blue coat in effigy,
but bad news came in threes anyway:
a friend's passing, then your father's,

then my father's death.
There is a reason why every winter
I am waiting for Spring
and for the trees to bloom.

III.

Esa mañana, el café sabía amargo;
una imagen del cuerpo de tu padre
convaleciente, dormido, mientras tú
lo cuidabas en la unidad de cuidados intensivos.

¿Qué podría escribir sobre un hombre
en su lecho de hospital?
¿Cómo podría consolar yo a su hijo a quien
sólo conocía a través de la poesía?

IV.

Fue el invierno de nuestro desencanto.
Quemé ese abrigo azul en efigie,
pero las malas noticias llegaron de tres en tres:
la muerte de un amigo, luego la de tu padre,

el fallecimiento súbito de mi padre.
Hay una razón por la cual cada invierno
espero la primavera
y que florezcan los árboles.

[Traductora: Victoria Lee Hood]

IRENE

I.

I wake up at three AM to her roars.
Lioness, she claws the airwaves
jolting my quiet corner in Washington Heights.

A few hours later, like a thief,
I open the window vaguely to steal fresh air
and notice only the storm's presence.

Why the lashing, Irene?

IRENE

I.

Despierto a las tres de la madrugada con sus rugidos.
Leona, araña las ondas
altera la tranquilad de mi esquina en Washington Heights.

Unas horas más tarde, como un ladrón,
Apenas abro la ventana para robar el aire fresco
y solo distingo la cara de la tormenta.

¿Por qué los latigazos, Irene?

II.

Late in the morning, the sky transforms
from silvery arc covering to transparent.
The sun – absent for so long – is now palpable.

The incessant rains stop and the wind first
taunting us, exploding, is now calmer
blowing around moisture from the trees

When can we return to the blades of
grass thanking the sun?

II.

Al final de la mañana, el cielo cambia
de arco plateado a transparente.
El sol – ausente por tanto tiempo – ya es palpable.

Las lluvias incesantes paran y el viento primero
se burla de nosotros, azota, ya está en calma
exhala alrededor la humedad de los árboles.

¿Cuándo volverán las hojas de
hierba a darle las gracias al sol?

III.

The dog walkers are the first to explore.
Even after the worst has passed,
no children's laughs are heard.

I see people strolling here and there,
nature's sounds still covered by radio hums,
saws performing post-mortems on trees

We wait for the birds to sing
to everyone and no one.

III.

Los paseadores de perros son los primeros en explorar el
                                                    terreno.
Ya ha pasado lo peor,
no se escucha ni la risa de los niños.

La gente ronda de un lado a otro,
los sonidos de la naturaleza enmudecen entreverados
                                        por la radio
las sierras perpetran la autopsia de los árboles

Esperamos que los pájaros canten
a todos y a nadie.

[Traductora: Victoria Lee Hood]

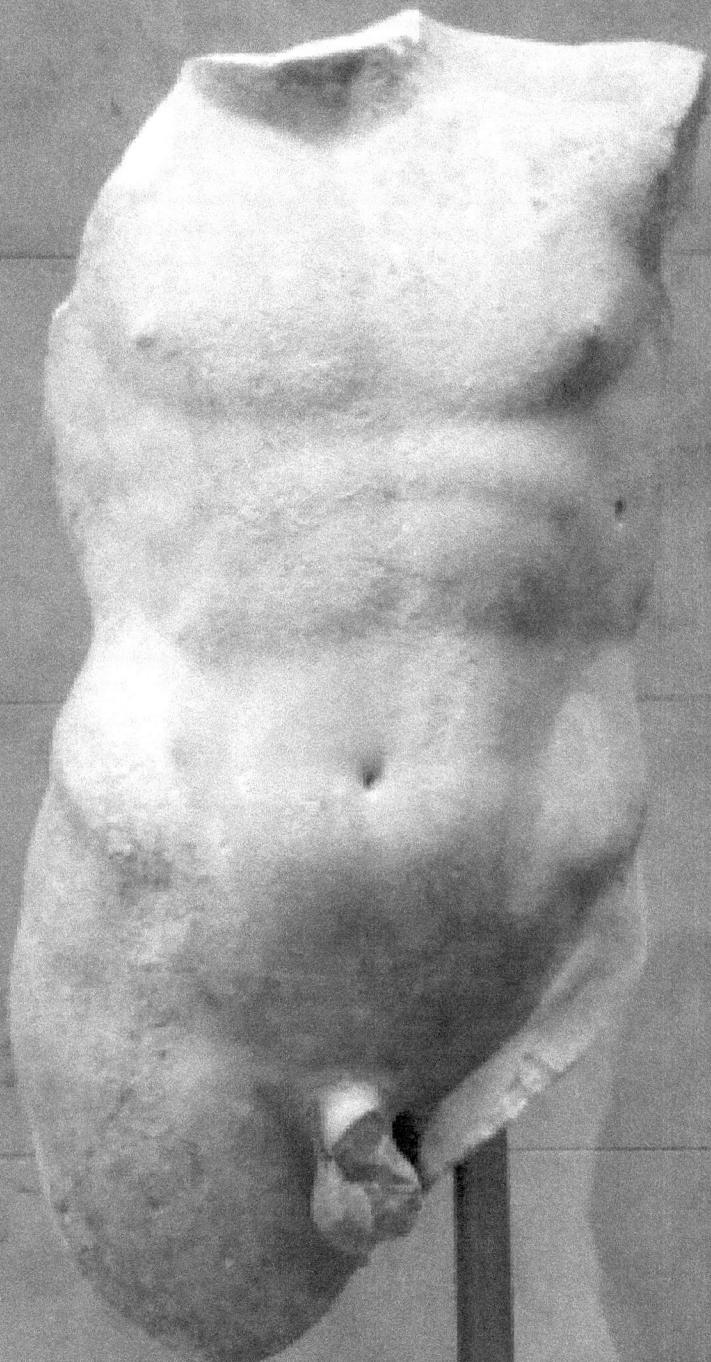

IN SEARCH OF RILKE AT THE METROPOLITAN MUSEUM OF ART
After a reading of Archaic Torso

A Sunday afternoon, the final lazy weekend of the summer, I escape to the cool, bright corridors of that art institution. I am in search of or Rilke.

In the Hellenistic and Roman wing, I find Hermes, Eros, Heracles, headless torsos of young men and women, centaurs, athletes and heroes. I turn around each statue and sepulcher, reading labels and descriptions.

In desperation, I ask a guard but she's clueless.

I search for him in a *cubiculum nocturnum* (i.e. bedroom), in galleries, in the faces and camera lenses of tourists, finally finding him through old-fashioned help - the humble assistance of the information desk clerk.

There are two Apollos here. One in worse shape than the other, one slightly taller, one still resting against a marble trunk, one with more genitals intact, more of the hip areas defined, with both feet, perfect toes and toenails.

A LA BUSCA DE RILKE EN EL MUSEO METROPOLITANO DE ARTE
Luego de leer Torso arcaico

Domingo por la tarde, el último fin de semana de descanso del verano, me escapo hacia los frescos, luminosos pasillos de esa institución de arte. Voy en busca de Apolo o Rilke.

En el ala helenística y romana encuentro a Hermes, Eros, Hércules, torsos de jóvenes, centauros, atletas y héroes descabezados. Camino alrededor de cada estatua y sepulcro para leer las etiquetas y descripciones.

Desesperada, le pregunto a la vigilante pero ella no tenía ni idea.

Lo busco en *cubiculum nocturnum* (o sea dormitorio), en galerías, en rostros y lentes de las cámaras de los turistas, por fin lo encuentro a la antigua usanza, con la humilde ayuda del empleado del mostrador de información.

Hay dos Apolos aquí. Uno más deteriorado que el otro, uno ligeramente más alto, uno todavía descansa contra un bloque de mármol, uno conserva los genitales más intactos, las caderas más definidas, ambos pies, con dedos y uñas en perfectas condiciones.

The Japanese tourist photographs her friend grabbing, or is it covering, the genitals; I hear the guard laughing heartily. Men, women and children walk by, few stop by to look at the headless torso, few read the description, few acknowledge that THIS was Apollo, this WAS the god of music and poetry, son of Zeus, father of Orpheus, one of the twelve Olympians, *Dii Consentes*. Who cares for those lesser gods and heroes when Apollo is in the room?

And still, I don't find Rilke, a man at least in some form or manner representing him, his essence, or a man who has read his work, a man aware of that dilemma called mid-career or life crisis.

I wonder if I tear a piece of paper, write in bold capital letters RILKE, and hold it up, will someone stop and chat with me, sit and read with me that poem, ask me questions about it, maybe exchange something about himself, a revelation found through this encounter.

If any answer to man's inner quest is to be found on Earth, it could be at the feet of this statue, or another work of art, at this museum or another like it, in this city or another metropolis such as the many found on this or other continents.

And yet his torso
is still suffused with brilliance from inside,
like a lamp, in which his gaze, now turned to low,
gleams in all its power. (Rilke)

La turista japonesa fotografía a su amiga tanteando, o cubriendo los genitales de la estatua; escucho al guardia reír a carcajadas. Hombres, mujeres y niños deambulan, pocos se detienen a mirar el torso sin cabeza, pocos leen la descripción, pocos reconocen que ÉSTE era Apolo, que éste ERA el dios de la música y la poesía, hijo de Zeus, padre de Orfeo, uno de los doce Olímpicos, *Dii Consentes*. ¿A quién le interesan, esos dioses menores y héroes cuando Apolo está en la sala?

Y aún no encuentro a , o un hombre que al menos de cierto modo o forma represente su esencia, o haya leído su obra, un hombre consciente de ese dilema llamado crisis existencial o profesional.

Me pregunto y si arranco un pedazo de papel, escribo en letras mayúsculas negritas RILKE, lo sostengo a la vista, se detendrá alguien y hablará conmigo, se sentará a leer ese poema junto a mí, me hará preguntas al respecto, quizás intercambie algo acerca de sí mismo, una revelación manifestada a través de este encuentro.

Si se busca respuesta a la más íntima interrogación del humano en la Tierra, ha de hallarse en estos pies, o en otra obra de arte, en este museo o en uno semejante, en esta ciudad o en otra metrópolis como las muchas que hay en este o en otros continentes.

Y aun así su torso
todavía está impregnado de esplendor en su interior
como una lámpara, en la que su mirada, ahora baja,
brilla con todo su poder. (Rilke)

[Traductor: Benjamín Valdivia]

THE DEVIL'S BACKYARD

I am looking out from the terrace –
unto this asphalt jungle called
Midtown Manhattan.

The view of Hell's Kitchen
from the 49th floor shows
a landscape barren of colors,
of nature's sounds.

Where are the birds, the rays of sun?

Only the sound of a child's voice
permeates the windy terrace.

EL JARDÍN TRASERO DEL DIABLO

Otro mundo no sólo es posible, ella está en camino.
En un día tranquilo, oigo sus respiros.
ARUNDHATI ROY

Miro desde la terraza –
hacia esta jungla de asfalto llamada
Midtown Manhattan.

La vista de Hell's Kitchen
desde el piso 49 muestra
un paisaje carente de colores,
de los sonidos de la naturaleza.

¿Dónde están los pájaros, los rayos de sol?

Sólo el sonido de la voz de un niño
permea la ventosa terraza.

[Traductora: Silvia Rafti]

HUDSON PALISADES

The snow brings ancestors
SHARON OLINKA

In winter
I don't see them for days at a time.

I leave for work,
walking away from the steep cliffs

In the evening
they have drawn the curtains

When I see them dressed
in a white shawl,

they seem joyous as if
the dark exposed limbs

of the trees had made them
feel somehow naked.

HUDSON PALISADES

La nieve trae los antepasados
SHARON OLINKA

En invierno
paso los días sin verlos.

Salgo a trabajar,
me alejo de los acantilados

Al atardecer
cierran las cortinas

cuando los veo vestidos
de manto blanco,

parecen alegres, como si
las sombrías extremidades

de los árboles los hubieran hecho
sentirse de algún modo desnudos.

[Traductora: Victoria Lee Hood]

ENCOUNTER

She sat on the Number 7 train westbound
mouthing words, reading a Korean hangul text,
eyes shut with concentration.

I sat next to her,
our hipbones touching
on the crowded train.

With an overnight bag next to her,
I wondered what the note represented –
a Biblical passage? A speech perhaps?

As travelers descended,
we were left alone in the car.
I finally dared to ask her
what she was reading.

"I am coming from my voice lesson",
she said, and proceeded to sing

an Italian aria to
an audience of one.

ENCUENTRO

Se sentó en el tren número 7 rumbo al oeste
vocalizaba palabras, leía un texto hangul koreano,
concentrada con los ojos cerrados.

Me senté a su lado,
los huesos de nuestras caderas se rozaban
en el tren atestado.

Sostenía una bolsa de viaje a su lado,
¿me preguntaba que representaba su inscripción?
¿sería un pasaje bíblico? ¿Quizás un discurso?

Mientras los pasajeros desembarcaban,
nos quedamos solas en el carro.
Finalmente me atreví de preguntarle
qué estaba leyendo.

 "Vengo de mi lección de canto"
me dijo, y entonó

un aria italiana para
una oyente.

[Traductora: Victoria Lee Hood]

OFF OCEAN PARKWAY, LONG ISLAND

To their pimps, they are prostitutes
tits
and
ass

To their johns, they are
anonymous
casual
fantasies

To the assassin, they are
unworthy
unwanted
disposable.

To their mourners, they are
Maureen,
Melissa,
Megan,
Amber...

FUERA DE OCEAN PARKWAY, LONG ISLAND

Para los chulos, son prostitutas
tetas
y
culo

Para los clientes, son
fantasías
anónimas
despreocupadas

Para el asesino, son
indignas
indeseadas
desechables.

Para los desconsolados, son
Maureen,
Melissa,
Megan,
Amber...

[Traductora: Silvia Rafti]

To Neery

Your spirit lingers in a dozen books
I have inherited; poems by Adonis, Balakian, Passolini —
some translated from tongues you spoke
or still remembered.
Sad Days of Light states one title,
I want to live screams another.

In the lost pages, French stamps,
postcards neatly typed —
one thanking you for a charming dinner,
another with your neat script — never mailed;
a receipt of books purchased in Boston,
pencil marks underlining many words.

I am like a voyeur peeking
into your daily life of
some 30 years ago
wondering who you were then,
happy,
sad.

When was the last time someone brought you a book,
the last time you read in bed,
and placed your glasses down to wipe tears of joy.

When was the last time you stole a kiss.

Neery Melkonian (1955-2016)

PARA NEERY

Tu espíritu persiste en una docena de libros
que he heredado; poemas de Adónis, Balakián, Passolini —
algunos traducidos a lenguas que hablabas
o todavía recordabas.
Días tristes de luz declara un título,
Quiero vivir grita otro.

En las páginas perdidas, sellos franceses,
cartas postales bien tecleadas —
un agradecimiento por una cena encantadora,
otra con tu prolija letra— nunca enviada;
un recibo de libros comprados en Boston,
marcas de lápiz subrayando muchas palabras.

Soy como un fisgeón
en tu vida cotidiana
hace algunos 30 años
preguntándome quién eras en aquel tiempo,
feliz
triste.

¿Cuándo fue la última vez que alguien te regaló un libro,
la última vez que leíste en la cama,
y te colocaste las gafas para enmascarar lágrimas de alegría.

Cuándo fue la última vez que robaste un beso.

Neery Melkonian (1955-2016)

[Traductora: Victoria Lee Hood]

ON MY BIRTHDAY:
IN SEARCH OF THE RED-TAILED HAWK

I see first a young squirrel
digging for gold
his nuggets soon found
cleansing his mittens on dried leaves

then sprinting away
from dogs and their walkers.
I am alone –
not so much a threat.

The few leaves,
all yellow now
mirror the nests
high above me.

Ahead, a soccer court
full of players,
their sounds dimmed
by the trees.

The runners swoosh by
in silence too.
How can it be
so calm,

the falling leaves
alone should sound
like a Tchaikovsky
serenade *in crescendo*.

R.H. Lola Koundakjian

EN EL DÍA DE MI CUMPLEAÑOS:
EN BÚSQUEDA DEL HALCÓN DE COLA ROJA

Primero percibo a una ardillita
cavando oro
al descubrir las pepitas
se limpia sus mitones entre las hojas secas

luego huye
de los perros y sus paseadores.
Estoy sola —
no me siento amenazada.

Escasas hojas,
ya amarillas
reflejan los nidos
en lo alto, sobre mí.

Enfrente, una cancha
llena de futbolistas,
de sonidos ensombrecidos
por los árboles.

Los corredores se apuran
también en silencio.
Cómo puede estar todo
tan tranquilo,

las hojas caen
suenan
como una serenata
in crescendo de Tchaikovsky.

I find a seat near the
brown carpet of oak leaves,
some falling on me
like a curtain, from

trees waving their
broken limbs
to the shattered
lamp posts.

I wonder, can the
hawk see me?

in this quiet,
in this light wind.

The seagulls
walk on the frozen
Spuyten Duyvil Creek.
In a few hours,

the noon sun
will flood their return
to wherever it is
they nest.

My Swiss cheese
on whole wheat
tastes better
by the Muscota sea marsh,

Encuentro un sillón cerca de
la alfombra marrón de hojas de roble,
algunas caen sobre mí
como una cortina, de

árboles agitando
sus ramas rotas
a las destrozadas
farolas.

Me pregunto, ¿puede verme
el halcón?

en esta quietud,
en esta brisa suave.

Las gaviotas
caminan sobre el congelado
arroyo de Spuyten Duyvil.
En pocas horas,

el sol del mediodía
inundará su regreso
dondequiera que
aniden.

Mi queso suizo
en pan integral
sabe mejor
al lado de la ciénaga marina Muscota,

The toll bridge connecting
this island to its sister,
before the decapitation of 1895,
Marble Hill and its train station

forever annexed.
I sit with the sun warming my back
in this late fall day,
after a vigorous morning walk.

Un puente de peaje conecta
esta isla con su hermana,
antes de la decapitación de 1895,
Marble Hill y su estación de tren

quedaron para siempre anexados.
Me siento de espaldas al tibio sol
en este tardío otoño
tras un enérgico paseo matutino.

[Traductora: Victoria Lee Hood]

PAUL KLEE: ARCHITECTURE OF THE PLAIN

Dark blue border, like a window frame
then small squares inside larger ones.

Where the yellow cubes are, perhaps a lamp
or, is it the sun beaming through at 9am.

Above, a red band, where the shade folds
gently to keep the noon heat out.

Above them, all blue,
the dark night air.

PAUL KLEE: ARQUITECTURA DE LA LLANURA

Borde azul oscuro, como un marco de ventana
después cuadrados pequeños dentro de otros más
grandes.

Donde están los cubos amarillos, quizás una lámpara
o, será el sol radiante a las 9 de la mañana.

Arriba, una banda roja, donde la persiana se cierra
suavemente para no dejar entrar el calor del mediodía.

Sobre ellos, todo es azul,
el aire oscuro de la noche.

[Traductora: Silvia Rafti]

STILL LIFE IN LOWER MANHATTAN

Sun at 2pm over the Hudson River.
Silvery shimmer, a police van standing guard.

Sun at 3pm over the Hudson River.
Blue grey shadows upon the water, a helicopter above.

Sun at 4 pm over the Hudson River.
Boats, waves and seagulls.

Sun at 5 pm over the Hudson River.
Silence, smell of stillness

Sun at 6 pm over the Hudson River.
Purplish clouds.

R.H. Lola Koundakjian

NATURALEZA MUERTA EN EL BAJO MANHATTAN

Sol a las 2 de la tarde sobre el Hudson River.
Brillo plateado, un furgón policial vigilante.

Sol a las 3 de la tarde sobre el Hudson River.
Sombras grises azuladas sobre el agua, en lo alto un
helicóptero.

Sol a las 4 de la tarde sobre el Hudson River.
Barcos, olas y gaviotas.

Sol a las 5 de la tarde sobre el Hudson River.
Silencio, olor a quietud.

Sol a las 6 de la tarde sobre el Hudson River.
Nubes violáceas.

[Traductora: Silvia Rafti]

Fotografía de la autora

LOOKING AT TREATISE ON THE VEIL BY CY TWOMBLY

To YAM

On the first, chicken scratches.
Next, a sample of a light sky blue.

To their left, a darker panel as if
covering the presence of the neighbors.

Purple highlights appear
randomly on number four.

The fifth, an almost navy one with
white streaks crying for air.

MIRANDO EL TRATADO SOBRE EL VELO DE CY TWOMBLY

A YAM

En el primero, garabatos.
Al lado, una muestra de pálido azul cielo.

A la izquierda, un panel más oscuro
cobija la presencia de los vecinos.

Reflejos morados apuntan
al número cuatro al azar.

El quinto, uno casi azul marino con
rayas blancas se ahoga buscando aire.

[Traductora: Silvia Rafti]

LISTENING TO PHILIP GLASS' MAD RUSH

The lunar white picnic blanket
lusting for the grass

The cherry tree flowering
a few yards away

That single pearly
cloud, flawlessly shaped

like a private
Caribbean island

Yellow edges now
turning orange

The sky slowly
bleeding.

ESCUCHANDO MAD RUSH DE PHILIP GLASS

La manta de picnic blanca lunar
anhela la hierba

El cerezo florece
a pocos pasos

Esa única nube
aperlada, impecable

como una isla
caribeña privada

Los bordes amarillos
se tornan naranja

El cielo desangra
lentamente

[Traductora: Silvia Rafti]

THE TRUSTED UNCLE

When I was fifteen
Babysitting the twins
The sexoholic said
"Touch me, here"

When I was fifteen
Visiting my newborn cousin
The trusted uncle said
"When can I get inside your legs?"

When I was fifteen
Pretending to sleep
the pervert said words
it has taken me decades to unhear.

EL TÍO CONFIABLE

Cuando tenía quince años
mientras cuidaba a los gemelos
el adicto sexual dijo,
"Tócame, aquí"

Cuando tenía quince años
mientras visitaba a mi primo recién nacido
el tío confiable dijo
"¿Cuándo puedo meterme entre tus piernas?"

Cuando tenía quince años
mientras fingía dormir,
el pervertido me dijo cosas que
me ha tomado décadas ignorar.

[Traductora: Silvia Rafti]

Fotografía de la autora, enero de 2015

THIS MORNING

After the snow storm,
Larry the lark flies in
and off my fire escape.

At eight AM, two inches of
fluffy crystals provide a
temporary bird bath,

large enough for Birdstock --
a festival for five sets of
                    colorful admiring orchids

ESTA MAÑANA

Tras la tormenta de nieve,
la alondra Larry va
y viene por mi escalera de incendios.

Ocho de la mañana, dos pulgadas de
Cristales mullidos ofrecen
un transitorio baño de aves,

suficientemente grande para Birdstock --
un festival para cinco varas de admirables
                coloridas orquídeas

[Traductora: Silvia Rafti]

OPTIMISM

Walking wretched I heard
I LOVE YOU and turned my head
in time to see a young face smiling,

eyes clear as a June Friday morning,
that is to say
young, sunny and full of hope.

Then a few blocks away
a heart shaped chalk
marking the sidewalk.

I stopped long enough
to enjoy the coincidence of
the two events,

until the t-shirt
stating
PRACTICE RECKLESS OPTIMISM

R.H. Lola Koundakjian

OPTIMISMO

Mientras caminaba cabizbaja escuché
un TE AMO y volteé la cabeza a tiempo
para ver un joven rostro sonriente,

ojos claros como una mañana de viernes de junio,
es decir
joven, alegre y lleno de esperanza.

Luego unas cuadras más allá
sobre la vereda
un corazón en tiza.

Me detuve lo suficiente
para disfrutar la coincidencia de
los dos eventos,

hasta la camiseta
que decía
PRACTICA UN OPTIMISMO DESAFORADO

[Traductora: Silvia Rafti]

BEFORE A MEETING AT THE METRO DINER

100th Street and Broadway

Across the street is Turkuaz
Where I had two dinners with O.

Today his ghost was absent
from Butler Library's open stacks.

I didn't see him walking
the streets and I wonder

when next I visit the Hungarian
Pastry Shop, will he be huddled

somewhere in the back? I need
to shoo that ghost further out

drown his voice with some *fadó*.
My sheets no longer carry his sweat

I have no photo of him, no
samples of his writing

He has vanished from my memories
but his phantom dwells in my poems.

Antes de una reunión el restaurante Metro

Calle 100 con Broadway

Al cruzar la calle está Turkuaz,
donde cené dos veces con O.

Hoy su fantasma estuvo ausente
en los anaqueles de la Biblioteca Butler.

No lo vi caminando
por las calles y pensé

la próxima vez que vaya a La
Pastelería Húngara, ¿estará acurrucado

al fondo? Necesito
ahuyentar ese fantasma aún más

ahogar su voz con *fadó*.
Mis sábanas ya no conservan su sudor

No tengo ninguna foto de él, ninguna
muestra de su escritura.

Se ha desvanecido de mis recuerdos
pero su fantasma habita en mis poemas.

[Traductora: Silvia Rafti]

THREE A.M.

Blessed migraine!

I sit in bed
waiting for the
Excedrin to act.

A lonely bird chirps
near Fort Tryon Park.
I want to tell it,
Hey Man! Keep it down!

It's an hour and a half
before sunrise! Of course he
could be an insomniac
or a French existentialist
in reincarnation singing his angst.

Please kind bird, let the poor folks
in Washington Heights
sleep a bit more.

It's Saturday, did you know?

TRES DE LA MAÑANA

¡Bendita migraña!

Me siento en la cama
a esperar que el
Excedrin haga efecto.

Un pájaro solitario pía
cerca de Fort Tryon Park.
Quiero decirle,
¡Oye! ¡Baja el volumen!

¡Falta una hora y media
para que salga el sol! Por supuesto él
podría ser insomne
o un existencialista francés reencarnado
cantando sus angustias.

Por favor querido pájaro, deja que la pobre gente
de Washington Heights
duerma un poco más

                              Es sábado, ¿lo sabías?

                              [Traductora: Silvia Rafti]

II

Travelling Around the Sun at the Speed of Life

Viajando al rededor del sol a la velocidad de la vida

On Food, Family and Loss

I. At the Market

It's a matter of patience; a matter of *really* wanting to cook.

The instructions are simple: cut; chop; heat the pan and add oil; then add spices and the ingredients; let simmer; mix once in a while, and *voilà*!

The difficulty comes in finding the ingredients. Our busy lives do not forbid us from cooking; they prevent us from going to the farmer's market on Saturday and schmoozing with the lettuce guy, a relationship -- which set on the right course -- will bring you ramps in the Spring, then garlic scapes in early Summer, leading to dinner invites when the farmer arrives with a bouquet of heirloom tomatoes.

Or, in another scenario, going to Jackson Heights for Indian spices, where you ask the woman next to you at Patel Brothers, "on a scale of 1 to 10, is this curry an 11"? And she will answer that in her country it is mild enough for breakfast, which you guess is a polite exaggeration. Or, on another Saturday, hoofing it to New Jersey, first in a small van for $2.50 which drops you at the Armenian bakery where you buy a dozen *lahmejuns*, then walk six blocks to the Turkish market to get cheese, pistachios and dried vegetables from the city where your grandparents were then try to reconstruct their lives through a sample of taste bud experiences, wondering if they liked their cheese salty, or was that just a way to preserve it; wondering if a trip back to *Hasan Beyli* is possible, wondering what our lives would be like if we had never been forced off those lands.

Sobre comida, familia y pérdida

I. En el mercado

Es una cuestión de paciencia; una cuestión de veras querer cocinar.

Las instrucciones son simples: cortar; trocear; calentar la sartén y añadir aceite; luego añadir especias y los ingredientes; dejar hervir a fuego lento; ¡mezclar de vez en cuando y *voilà*!

La dificultad está en encontrar los ingredientes. Nuestras ocupadas vidas no nos prohíben cocinar; nos impiden ir al mercado los sábados y congraciarnos con el chico de las lechugas, una relación que -- si va por el buen camino -- aportará puerros en la primavera, luego brotes de ajo a principios de verano; invitaciones a cenar cuando el agricultor llegue con un ramo de tomates tradicionales.

O, en otro caso, ir a Jackson Heights por especias indias, y preguntarle a la mujer de al lado en Patel Brothers, "en una escala del 1 al 10, ¿este curry sería un 11?" Y que ella conteste que en su país es lo suficientemente suave para el desayuno, lo cual consideras una educada exageración. O, cualquier otro sábado, a pie por Nueva Jersey, tomo primero un microbús por $2,50 que te deja en la pastelería armenia donde compras una docena de *lahmejuns*, luego caminas seis bloques hasta el mercado turco para comprar queso, pistachos y verduras secas provenientes de la ciudad donde nacieron tus abuelos, intentando luego reconstruir sus vidas a través de una muestra de experiencias gustativas, me pregunto si les gustaba el queso salado, o era simplemente una forma de conservarlo; me pregunto si sería posible volver a Hasan Beyli, me pregunto cómo hubieran sido nuestras vidas si no nos hubieran obligado a salir de esas tierras.

II. Imagining my Great Grandfather's Estate

If my family members had not been persecuted for their ethnicity and we had stayed behind, would I have been a writer still? Would I have been a spinster, a mother, a grandmother by now? Would I have been a culinary explorer going to far away markets to purchase special ingredients to make for my family and friends? In what language would I be shopping? Would I have the same hobbies and pastimes? Would I have the same opportunities to explore music from different parts of the world? Would I have travelled extensively?

I am certain my life would be unrecognizable, yet more organic: growing on the land of my forefathers, knowing my extended family well, the continuity of things – passing down knowledge, recipes, clothes and family heirlooms.

II. Imaginándome la finca de mi bisabuelo

Si mis familiares no hubieran sido perseguidos por su etnia y nos hubiéramos quedado, ¿aún hubiera sido escritora? ¿Hubiera sido una solterona, una madre, una abuela? ¿Hubiera sido una exploradora culinaria visitando mercados lejanos consiguiendo ingredientes especiales para mi familia y amigos? ¿En qué idioma compraría? ¿Tendría las mismas aficiones y pasatiempos? ¿Tendría las mismas oportunidades de explorar la música de diferentes partes del mundo? ¿Hubiera viajado tanto?

Estoy segura de que mi vida sería irreconocible, pero más orgánica: creciendo en la tierra de mis ancestros, conociendo bien a mis parientes lejanos, la continuidad de las cosas – pasando el legado de los conocimientos, recetas, ropas y reliquias familiares.

III. A Feeling of Loss

I will never know what my great-grandparents looked like, where their homes were, how they decorated their rooms. I will never know if I inherited my hair color, looks, styles, the shape of my brows, the color of my eyes, my talents from them or not.

I will never know what vistas they looked upon 100 years ago when they sipped their morning coffee, what music they listened to, if they grew some of their food on that land, whether or not they made preserves.

I will never know what layers of my soul I am missing.

III. Un sentimiento de perdida

Nunca sabré cómo eran mis bisabuelos, dónde estaban sus casas, cómo decoraron sus habitaciones. Nunca sabré si heredé de ellos el color de mi pelo, mi aspecto, mi estilo, la forma de mis cejas, el color de mis ojos.

Nunca sabré qué vistas admiraban hace 100 años mientras tomaban su café matutino, qué música escuchaban, si cultivaban en esas tierras algunos de sus alimentos, o si preparaban conservas.

Nunca sabré cuántas capas le faltan a mi alma.

[Traductora: Silvia Rafti]

BLUE TURNSTILES

At Kalandia checkpoint, crossing
                 from Ramallah to Jerusalem

Walk the wrong way
         and you get screamed at
                 by soldiers in the watchtower

Follow the lanes

Wait in
       narrow
       metal
       separations
          with hundreds of others

Walk through
       the blue turnstiles
       when buzzed in

Place bags at the X-ray machine,
       present papers
          to the soldiers
             behind the glass counter.

TORNOS AZULES

En el punto de control de Kalandia, al cruzar
                    de Ramallah hacia Jerusalén

Camina por senda equivocada
                    y te gritarán
                            los soldados de las
torres de vigilancia

Sigue las filas

Espera en
            estrechas
            separaciones
            de metal
                    con cientos otros

Pasa por
            los torniques azules
            cuando te abran

Coloca las bolsas en la máquina de rayos X,
            muéstrale los papeles
                    a los soldados
                            detrás de las ventanillas
                            de vidrio.

Hold your breath

                        Wait pa-tient-ly for the
           nod
                        then

                        exit
                        through
                        another
                        turnstile

                        Wait for your companions
under the calming sun.

Aguanta la respiración

espera pa-cien-te-men-te a
que asientan con la cabeza
entonces

sal
por
otro
torno

Espera a tus compañeros
bajo
el apacible sol.

[Traductora: Silvia Rafti]

ETHIOPIANS AT THE MOSCOW AIRPORT

On the second floor, far from overpriced bars
and eateries of the lofty food court
I sat roosting the cold floor in dim lighting
escaping the cigarette clouds

Others were setting up temporary bedding
at Sheremetyevo International Airport,
away from angry patrons at non-dispensing ATMs
and happy noises from the Irish bar below deck.

Why do airlines impose a 15 hour layover
most of us seem to endure,
"all the more to empty
your pockets, my dear".

By the toilets, a more permanent fixture of
Ethiopians seeking refugee status sleep
on cardboards under airline blankets
and feast on donated food.

They responded to my queries in perfect English;
telling me they had tried Cuba without luck, and
yes, Moscow seemed a good possibility, though
their smiles hid their grief.

I spent two weeks in Yerevan thinking about them,
breathing that foul airport air. And, on
that shorter layover on my way home,
I did not find them.

ETÍOPES EN EL AEROPUERTO DE MOSCÚ

En el segundo piso, lejos de los bares caros
y de los restaurantes del patio de comidas
me senté a descansar en el suelo frío bajo una luz tenue
para escapar de las nubes de cigarrillos.

Los noctámbulos formaban camas improvisadas
en el Aeropuerto Internacional de Sheremétyevo
lejos de los viajeros enojados por
                                    cajeros automáticos inservibles
y del alegre ruido del bar irlandés en la terraza inferior.

Por qué las aerolíneas imponen una escala de 15 horas
que casi todos parecemos soportar,
"sobre todo para vaciarte
el bolsillo, querida".

Junto a los baños, un accesorio más permanente,
etíopes en busca de estatus de refugiados duermen
sobre cartones bajo mantas de las aerolíneas
y celebran con comestibles donados.

Respondieron a mis preguntas en perfecto inglés;
me contaron que habían probado suerte en Cuba sin éxito,
y desde luego, Moscú parecía una buena posibilidad,
aunque sus sonrisas ocultaban dolor.

Estuve dos semanas en Ereván y pensé en ellos,
respirando ese aire nauseabundo del aeropuerto. Y, en
aquella escala más breve de regreso,
no los volví a encontrar.

[Traductor: Benjamín Valdivia]

INDIA

A cold snap…

    Thousands
        freeze overnight
        on the streets of Delhi

Unidentified

    Most
        remain unclaimed,
        festering in the morgue

No one
    reads
        the *Hue and Cry*
        Notice

except
    the mortuary's chief
    medical officer

INDIA

Una ola de frío…

       Miles

              se congelan durante la noche
              en las calles de Delhi

Sin identificar

       La mayoría

              quedan sin ser reclamados,
              descomponiéndose en la morgue

Nadie

      lee

          Los edictos
          de tono y llanto

excepto

          el jefe médico
          de la morgue

                      [Traductora: Silvia Rafti]

DAWN

Dawn brings memories
of minarets, mosques and
chants of *Allahu Akbar;*
of seagulls flying into the ether,
rides to airports in foreign cities,
through unknown neighborhoods,
main streets and shanty towns.

Sounds bring memories:
of prayers at weddings and burials,
jazz tunes played on the phonograph,
amid voices of those who have passed on,
nutcrackers suites and family reunions.

Sunsets bring memories
of walks in the park
moon gazes at dusk
and the marvels of this planet.

Images bring memories:
of places where you made love
with men no longer in the picture,
sculptures that have weathered less
than mortal bodies,
paintings seen by the naked eye,
magical compared to replicas in books.

ALBA

El alba trae recuerdos
de minaretes, mezquitas y
cantos de Allahu Akbar;
de gaviotas que vuelan hacia el éter,
viajes a aeropuertos de ciudades extranjeras,
a través de barrios desconocidos,
calles principales y poblados de chozas.

Los sonidos traen recuerdos
de plegarias en bodas y entierros,
melodías de jazz suenan en el fonógrafo,
entre las voces de aquellos que han fallecido,
cascanueces y reuniones familiares.

Las puestas de sol traen recuerdos
de paseos por el parque
admirar la luna durante el crepúsculo
y las maravillas de este planeta.

Las imágenes traen recuerdos:
de lugares donde hiciste el amor
con hombres que ya no importan,
esculturas que se han desgastado menos
que los cuerpos mortales,
pinturas vistas por el ojo humano,
mágicas comparadas con las réplicas de los libros.

Experiences bring memories:
every flight reminds you of your first take-off --
every storm replays a childhood nightmare --
every science class pronounces your hemophobia --
every trip to a coast re-energizes your love
of oceans and beaches,
and how they kiss constantly.

Las experiencias traen recuerdos:
cada vuelo conmemora a tu primer partida
cada tormenta repite una pesadilla de la infancia
cada clase de ciencias profundiza tu hematofobia
cada viaje a la costa renueva tu amor
por los océanos y las playas,
y cómo se besan constantemente.

[Traductora: Silvia Rafti]

EASTER BREAK

I left the house at dawn
not knowing I would stay in
the airport until nearly dusk.

Squeezed out, turned away
with vouchers for lunch, dinner and a future flight,
I sought solace in the airline's lounge.

For seven hours, I wrote, read and
managed to behave.
Then, famished, I spent
the final pre-flight hour at dinner.

Across the narrow bar table,
John from Montana
smiled as we shared
our travel woes, his due to weather.

We spoke of memories,
exchanged business cards
and finally, a warm hug.

"I don't know how a poet cannot go to Montana"
he added as an invitation.
"Now you have a friend there".

Later, my flight south followed the edge
of the continent and the Atlantic
intertwined with the sky.

VACACIONES DE SEMANA SANTA

Salí de casa al alba
sin saber que estaría en
el aeropuerto hasta casi el anochecer.

Exprimida, rechazada
con cupones para almorzar, cenar y para el siguiente
vuelo,
busqué refugio en la sala VIP de la aerolínea.

Durante siete horas, escribí, leí y
logré comportarme.
Luego, con hambre, pasé
la última hora antes del vuelo cenando.

Al otro lado de la estrecha barra de bar,
John de Montana
sonreía mientras compartíamos
los infortunios de nuestros viajes, el suyo por culpa del
tiempo.

Hablamos de recuerdos,
intercambiamos tarjetas
y finalmente, un caluroso abrazo.

"No sé cómo un poeta no puede ir a Montana"
añadió a modo de invitación.
"Ahora ya tienes un amigo allí."

Más tarde, mi vuelo siguió el borde
del continente y el Atlántico
entrelazados con el cielo.

The view was broken by a cumulus
here and there, and lightning,
small lakes and reservoirs glittering
in the sun like topaz, then

farms opening up like spider webs,
and rivers snaking under my window seat –
all making the day's experiences worthwhile.

El panorama se interrumpió por un cúmulo
aquí y allá, y relámpagos,
pequeños lagos y reservas brillando
bajo el sol como topacios, luego

aparecieron granjas como telas de araña,
y ríos serpenteando bajo la ventanilla de mi asiento
haciendo que la experiencia del día valiera la pena.

[Traductora: Silvia Rafti]

Malik, the New York Times, 6 de enero, 2015

MALIK

He faces east, frowning,
his shadow touches the green door behind him
a protective nook, while another door on his right,
locked, remains inaccessible.

Malik wears his turban white as his aging mane,
and his Red Crescent Society vest.

Red — the blood of his two sons dead in this conflict;
white — the purity of his heart,
helping others in duty
in their moments of grief.

R.H. Lola Koundakjian

MALIK

Él mira hacia el este, frunciendo el ceño,
su sombra toca la puerta verde a su espalda
un rincón protector, mientras que la otra puerta a su

derecha,

cerrada, continúa inaccesible.

Malik lleva turbante blanco como su melena envejecida,
Y su chaleco de la Media Luna Roja.

Roja — la sangre de sus dos hijos fallecidos en este

conflicto;

blanca — la pureza de su corazón,
ayuda a otros en el deber
en su momento de dolor.

[Traductora: Silvia Rafti]

FEYROUZ IN THE MORNING

at Keko Café

On an unremarkable day, I entered
a small café in midtown Manhattan.

Eight round tables, coffee and
tea cans lined the room.

A cozy décor with teapots, suitcases
and European posters on the walls.

But the heart of it was Feyrouz's music,
the *merguez* and *harissa* with egg sandwich.

All the Tunisian sun's warmth
Seeping through the front doors.

FEYROUZ POR LA MAÑANA

En el Café Keko

Un día cualquiera, entré
a un pequeño café en Midtown Manhattan.

Ocho mesas redondas, latas de café y
té alineadas en los estantes del local.

Una acogedora decoración con teteras, maletas
y posters europeos en las paredes.

Pero su corazón era la música de Feyrouz,
el sándwich de *merguez* y *harissa* con huevo.

Todo el calor del sol tunecino
se filtraba por las puertas de entrada.

[Traductora: Silvia Rafti]

The Moon in the Cusp of My Hand / La luna en la cúspide de mi mano   131

Hiroshima

I went to Hiroshima in 2005,
sixty years after the artificial sun.

I arrived amidst snow showers,
to witness a destroyed city reborn.

When I informed my mother of my plans,
she asked if I was depressed.

I told her I needed to go to beg for forgiveness,
not that I pushed the button. You didn't push it either.

In an exhibit in New York City, I had seen the melted glass
bottles,
the fused coins and the frozen clocks. There I saw much
more:

hollowed statues of Buddha; images of people with burns,
their skin branded if they wore patterned clothing;

wrist watches morphing into microwave ovens,
killing people with radiation sickness.

HIROSHIMA

Fui a Hiroshima en el 2005,
sesenta años después del sol artificial.

Llegué en medio de nevadas,
para presenciar el renacimiento de una ciudad destruida.

Cuando le informé a mi madre de mis planes,
me preguntó si estaba deprimida.

Le dije que tenía que ir a suplicar clemencia,
no por apretar el botón. Tampoco lo apretaste tú.

En una exposición en la ciudad de Nueva York, vi las
                                      botellas de cristal
derretidas,
las monedas fundidas y los relojes congelados. Vi mucho
más allí:

Estatuas huecas de Buddha; imágenes de gente con
                                        quemaduras,
su piel marcada como si llevaran ropas estampadas;

Relojes de pulsera transformándose en hornos
                                        microondas,
que matan a la gente por radiación.

Hiroshima's boulevards today bear witness
to the shadows of humans who left by evaporation,

statues erected by benevolent associations
to honor volunteer doctors and nurses.

I walked through the roads leading to ground zero and the
Peace Dome,
the only building still standing after the Atom Bomb;

visited the Memorial cenotaph, the eternal flame, the Peace
Bell
and the museum filled with teenagers from nearby towns.

This was not an easy visit, nor should it be.
I walked to my hotel in silence.

Hoy los bulevares de Hiroshima atestiguan
las sombras de humanos que se fueron evaporando,

Estatuas erguidas por instituciones benéficas
en honor a los médicos y enfermeras voluntarios.

Caminé por las carreteras que llevan a la zona cero y la
Cúpula de la
Paz,
el único edificio todavía en pie después de la bomba
atómica;

Visité el Cenotafio Conmemorativo, la llama eterna, la
campana de la paz,
y el museo repleto de adolescentes de pueblos vecinos.

No fue una visita fácil, no debiera serlo.
Caminé hacia mi hotel en silencio.

[Traductora: Silvia Rafti]

A TRAVELLER'S GIFT

No matter how tired you are
how many drinks you had downtown
how hot or cold the night air is
Wave a little hello –
Thank the MTA operator who got you home safe.

No matter how jet-lagged you are
and few winks you slept on board
how good or bad the food was
Wave a little hello –
Thank the pilot and crew who got you there safely.

Whether a commuter,
road-warrior or distant
daughter of Ibn-Batutta

redrawing the Silk Road
and remapping Northern Africa –
Thank the men and women who shared their path with
you.

EL REGALO DE UN VIAJERO

No importa cuán cansado estés
cuántos tragos hayas tomado en la ciudad
lo caliente o frío que se sienta el aire de la noche
Ofrece un pequeño saludo –
Dale las gracias al operador del transporte público que te
llevó a casa sano y salvo.

No importa cuánto te haya afectado el jetlag
y lo poco que hayas dormido a bordo
lo buena o lo mala que haya sido la comida
Ofrece un pequeño saludo -
Dale las gracias al piloto y a la tripulación que te llevaron
al destino sano y salvo.

Ya seas viajero urbano,
viajero frecuente o una lejana
hija de Ibn-Batutta

redibujando la Ruta de la Seda
y trazando un nuevo mapa del Norte de África -
Dale las gracias a los hombres y mujeres que
compartieron esa ruta contigo.

[Traductora: Silvia Rafti]

1. LETTER TO A PRESIDENT

How to wage war:

Destroy artifacts, museums and libraries;
blame it on the people and the riots.

Rape, attack and maim the weak,
blame it on the dissidents and the intellectuals.

At every opportunity,
restrict the movement of the masses.

Destroy major highways,
means of communications and transport.

Forbid free press, free dialogue,
then get on national television and declare

Enemy Killer in Action (EKIA).

1. CARTA A UN PRESIDENTE

Cómo librar una guerra:

Destruya artefactos, museos y bibliotecas;
culpe a la gente y los disturbios.

Viole, ataque y mutile a los débiles,
culpe a los disidentes y los intelectuales.

En cada oportunidad,
restrinja los movimientos de las masas.

Destruya las autopistas principales,
los medios de comunicación y transporte.

Prohíba la prensa libre, los diálogos libres,
luego preséntese en la televisión nacional y declare

Asesino de Enemigos en Acción.

[Traductora: Silvia Rafti]

2. LETTER TO RADICALS

Plus ça change, plus c'est la même merde.
ANONYMOUS

How to take out imperialism and domination:

Take it out on the soccer field.
Better yet, educate the masses.

Let them rise above disease and poverty,
See how the next generation advances,

In science, the arts and business,
wins Nobels and other prizes.

Instead of arming each other to your teeth,
shed your shells and sit down to a meal and talk.

2. CARTA A LOS RADICALES

Plus ça change, plus c'est la même merde.
ANÓNIMO

Cómo acabar con el imperialismo y el control:

Desquítense en el campo de fútbol.
Mejor aún, educaden al pueblo

dejen que resurja de las enfermedades y la pobreza,
observen cómo mejora la siguiente generación,

En las ciencias, las artes y los negocios,
cómo ganan Premios Nobel y otros más.

En vez de armar a cada uno hasta los dientes,
deshágan se de los proyectiles y siéntese a comer y a
                                                    hablar.

[Traductora: Silvia Rafti]

LUNCH TIME

Regrettably neither Spain nor Portugal
exclaimed the man to a lunch companion.

My mind wandered to
alfresco lunches in Porto,

long dinner queues in Barcelona,
art galleries and Roman ruins,

good wine and Basque food,
noisy hotel guests having sex every night

impolite hustlers in the metro
and cable cars rambling through the hills of Lisbon

HORA DEL ALMUERZO

Desafortunadamente, ni España ni Portugal,
exclamó el hombre a su compañero de almuerzo.

Mis pensamientos viajaron por
almuerzos al aire libre en Oporto,

largas colas para cenar en Barcelona,
galerías de arte y ruinas romanas,

buen vino y comida vasca,
huéspedes de hotel bulliciosos teniendo sexo cada noche

burdos embusteros en el metro
y tranvías errantes por las colinas de Lisboa.

[Traductora: Silvia Rafti]

THEY'RE EIGHT

A bond exits between a girl and this boy,
but they should be *enemies*.

They talk, watch television together.
They play games in a hospital ward.
Their parents have become close friends
but *they* should be enemies.

She likes his mother's eggplant dish,
he likes her father's rice and lamb.

They should be enemies,
but no one has taught them *why*.

They live in a world
that keeps them apart,
their lands under siege,
their people in fear and slavery.

They are surrounded by
neighbors who talk about differences instead of
                                        similarities,
leaders who fund arms instead of building schools,
politicians who feed pessimism instead of hope.

She is Marya, 8, funny, smart but paralyzed by an Israeli
                                        missile.

SON OCHO

Un vínculo existe entre una chica y este chico
pero deberían ser enemigos.

Ellos hablan, ven televisión juntos.
Juegan en la sala de un hospital.
Sus padres se han convertido en amigos íntimos
pero deberían ser enemigos.

A ella le gusta el guiso de berenjenas que prepara su
madre,
A él, el de arroz con cordero de su padre.

Deberían ser enemigos,
pero nadie les ha dicho por qué

Viven en un mundo
que los mantiene separados,
de tierras asediadas,
de gente atemorizada en cautiverio.

Están rodeados de
vecinos que hablan de diferencias en vez de hermandad,
líderes que financian armas en vez de construir escuelas,
políticos que alimentan el pesimismo en vez de dar
                                    esperanza.

Ella es Marya, de ocho años, graciosa, inteligente pero
paralizada por un misil israelí.

He is Orel, also 8, her best friend who endured six

                                    operations
after half his brain was blown up by a Hamas rocket.

Their playground is a hospital corridor,
their parents have become close friends
the doctors are amazed at their progress
but nothing will heal a severed spinal cord or half a missing
brain.

Inspired by *A Mideast Bond, Stitched of Pain and Healing*, *The New York Times*, *12-31-09* by Ethan Bronner then Jerusalem bureau chief of the New York Times.

Él es Orel, su mejor amigo, también de ocho, ha sufrido
                                                    seis intervenciones
tras la explosión de un cohete de Hamas sobre su cabeza.

El Patio de recreo es un pasillo de hospital,
los padres se han convertido en amigos íntimos
los doctores se asombran del progreso de los chicos,
sin embargo nada curará la médula espinal o restituirá la
mitad del cerebro faltante.

> Inspirado por *A Mideast Bond, Stitched of Pain and Healing, The New York Times,* 12-31-09 por Ethan Bronner, en aquel entonces, jefe editorial del departmento de temas relacionados a Jerusalem en el New York Times.

[Traductora: Victoria Lee Hood]

NEXT TIME YOU GO TO WALDEN

To Tina C.

Remember to gather some pebbles and
throw them in the reservoir for me too.

Every one of them represents a memory we let go:
anger, rage, or is that too strong a description?

If only letting go were so easy, my friend.
And what if it were the reverse,

what if we yearned to attract new emotions and sensations?
As you often remind me:

be open to all possibilities,
be open to love

healing and
making new memories.

Inspired by a visit to Walden Pond State Reservation, MA

LA PRÓXIMA VEZ QUE VAYAS A WALDEN

Para Tina C.

Acuérdate de recoger unas piedritas y
lanzarlas por mí en el represa.

Cada una de ellas representa un recuerdo liberado:
ira, enojo, ¿o es demasiado fuerte esa descripción?

Si tan solo fuera liberarlos, amigo mío.
¿Y si fuese al revés?

¿y si anheláramos atraer nuevas emociones y sensaciones?
A menudo me recuerdas:

mantente alerta a nuevas posibilidades
mantente alerta al amor

a la sanación y
a crear nuevos recuerdos.

Inspirado en un viaje a la Reserva Estatal de Walden Pond, MA

[Traductora: Silvia Rafti]

*"Una mujer armenia" de Charles Zacherie Landelle (1821-1908)
Colección Wallace, Londres*

PORTRAIT OF AN ARMENIAN WOMAN

She wears her traditional dress and jewelry
on her wedding day, or perhaps at her son's

baptism, her first born in the arms of godparents,
the procession on the altar, the priest anointing

her dewy child and blessing him.
But why this gaze of sadness?

Is a premonition weighing her mind?
A century separates us, and I wish to tell her

she was right. There were many executions
and deportations, without justice or recognition.

I want to know her name.
Did her family survive?

Could I be her descendant?

Retrato de una mujer armenia

Viste atuendo y joyería tradicionales
el día de su boda, o tal vez en el bautismo de su hijo,

su primogénito en brazos de los padrinos,
la procesión al altar, el sacerdote unge

al niño con el agua y lo bendice.
Entonces, ¿por qué esa mirada de tristeza?

¿Es una premonición que gravita en su pensamiento?
Un siglo nos separa, mas yo quisiera decirle

que ella estaba en lo cierto. Hay tantas ejecuciones
y deportaciones, sin justicia o reconocimiento.

Quiero saber su nombre.
¿Habrá sobrevivido su familia?

¿Seré su descendiente?

[Traductor: Benjamín Valdivia]

SHE SENT IT WITH LOVE

To Patricia Jabbeh Wesley

The instructions were like a recipe written for a cooking
                                                    magazine.
A long list of ingredients, carefully detailing which
substitutes are okay:
Cream of wheat for cream of rice, yes,
Butter in lieu of vegetable oil, no!
Add 3-4 ripened plantains, then 1-2 bananas,
A cup of canola oil, maybe less
Two eggs and some evaporated milk…

She sent it with love
Asking me to preheat the oven to 350 degrees,
"Mix the dry ingredients first, then add the wet ones,
whisking well.

Use a nice round pan or a square one", she wrote, "but
don't know measurements, sorry!"

She sent it with love
but behind this veil of food, culture and sentiments are
testaments of war and migration from the West coast of
Africa.

Patricia's Liberian rice cake: "You must remember to
make it when I come over" she added.

ELLA LA MANDÓ CON CARIÑO

Para Patricia Jabbeh Wesley

Las instrucciones eran como una receta escrita para una
                                   revista de cocina.
Una larga lista de ingredientes, detallando cuidadosamente
las posibles sustituciones:
Crema de trigo por la crema de arroz, sí,
¡Mantequilla en lugar de aceite vegetal, no!
Añadir 3-4 plátanos maduros, luego 1-2 bananas,
Una taza de aceite de colza, quizás menos
Dos huevos y un poco de leche evaporada…

Ella la mandó con cariño
pidiéndome que precalentara el horno a 350 grados,
"Mezcla primero los ingredientes secos, luego añade los
húmedos, batiendo
bien.
Utiliza un buen molde redondo o cuadrado," escribió,
"pero no
sé las medidas, lo siento!"

Ella la mandó con cariño
pero tras este velo de comida, cultura y sentimiento hay
testimonios de la guerra y la migración desde la costa oeste
de África.

Torta de arroz liberiana de Patricia: "No te olvides de
hacerla cuando vaya" añadió.

I peel the plantain and details emerge of an internal migration from Monrovia; years of boarding school in Tugbakeh, learning the Grebo traditions, Dorklor war dance, and watching the older girls doing the Sumu and Wahyee.

She sent it with love,
as if to say,
I learned to grind that rice myself, until it was white, the bananas and vanilla pods were picked from a family garden, the milk and eggs from a cousin's farm.

She sent it with love,
and it transformed itself in my oven, turning memories of conflicts, war, and immigration into peace.

Al pelar el plátano emergen los detalles de una migración
interna desde Monrovia; años de internado en Tugbakeh,
aprendiendo las tradiciones Grebo, el baile de guerra
Dorklor, y viendo a las niñas mayores bailando Sumu y
Wahyee.

Ella la mandó con cariño,
como si dijera,
aprendí por mí misma a moler ese arroz, hasta que
estuviera blanco, las bananas
y vainas de vainilla se recogían del jardín familiar, la leche
y los huevos de la granja de un primo.

Ella la mandó con cariño,
y se transformó en mi horno, tornando los recuerdos de
conflictos, guerra y migración, en paz.

[Traductora: Silvia Rafti]

A TRIP TO EGYPT

Two friends announced they were planning
to discover Cairo and the desert.
I said I'd go remembering my school trip there –
my twelve-old self touring Giza and the pyramids,

stopping for tea at the Mena House,
taking a boat ride to King Tut's tomb,
an overnight train ride to Karnak-Luxor
and the Valley of the Kings.

The following week I sold my camera
a beautiful single lens *reflex* Nikon
with a gorgeous macro lens.
I was young, fearless and ready for heat stroke.

The men were giddy with excitement,
we talked about shots and malaria pills,
eating great food on a student budget.

In my mind I visited the souk with endless
stalls of ladies *gallabiahs*,
ate dried dates coated in chocolate,

and bought books by the new Nobel laureate*.
But I never made it to the tarmac at JFK.
The camera paid that month's rent.

Naguib Mahfouz, Nobel Laureate in Literature, 1988

UN VIAJE A EGIPTO

Dos amigos pregonaron que planeaban
descubrir El Cairo y el desierto.
yo dije que iría recordando mi viaje escolar allí -
a los doce años recorriendo Giza y las pirámides,

parando para tomar té en Mena House,
yendo en barca hasta la tumba del rey Tut,
un viaje nocturno en tren a Karnak-Luxor
y el Valle de los Reyes.

A la semana siguiente vendí mi cámara
una bonita Nikon *réflex* de lente única
con un precioso objetivo.
Yo era joven, no tenía miedo y estaba lista para un golpe
de calor.

Los hombres estaban entusiasmados,
platicábamos sobre vacunas y pastillas para la malaria,
comiendo una buena comida con el presupuesto de un
estudiante.

En mi mente visité el zoco con sus inagotables
puestos de *galabiyas* para mujer,
comí dátiles secos recubiertos de chocolate,

y compré libros del nuevo Nobel laureado*.
Pero nunca llegué a la pista de JFK.
La cámara pagó el alquiler de ese mes.

Naguib Mahfouz, Nobel de Literatura laureado, 1988.
[Traductora: Silvia Rafti]

UPON READING ABOUT THE DESTRUCTION OF ANCIENT STATUES IN THE NEAR EAST

Was the master carver at the Nineveh palace
an anonymous artist,
or was he recognized for his talents?

And the artists who sculpted Ashurnashirpal II
out of magnesite in 9th century BC,
and the winged creature in alabaster?

You, the metal workers of Urartu,
and you, who wrote the annals of
Sennasherib in wet clay.

You, who placed the scarab in a gold ring
in Cyprus, the copper island,
And you, who in Rhodes knitted gold
to make a Rosetta.

You, who shaped the nude goddess
with lotus flowers in ivory,
And you, who in Egypt invented glass.

AL LEER ACERCA DE LA DESTRUCCIÓN DE ANTIGUAS ESTATUAS EN EL MEDIO ORIENTE

Los asirios llegaron como lobo en el rebaño,
Y sus ejércitos relucían en púrpura y oro;
Y el brillo de sus lanzas era como estrellas en el mar,
Cuando azules olas ruedan de noche en la honda Galilea...
La destrucción de Senaquerib, *1815*.
LORD BYRON

¿Era el maestro tallador en el palacio de Nínive
un artista anónimo,
o lo reconocían por sus talentos?

¿Y los artistas que esculpieron Asurnasirpal II
en magnesita en el noveno siglo a. C.,
y la criatura alada en alabastro?

Ustedes, orfebres de Urartu,
Y tú que grabaste en arcilla fresca los anales de Senaserib.

Tú, que engarzaste al escarabajo en un anillo de oro
en Chipre, la isla del cobre,
tú, que en Rodas filigranaste oro para hacer una Rosetta

Tú, que esculpiste en marfil a la diosa
desnuda con flores de loto,
y tú, que en Egipto inventaste el vidrio.

You, in Crete, who forged bronze bowls
with your hammer
And you, who inverted sirens and attached them
to cauldrons.

You, who carved jasper, carnelian, blue steatite,
ivory, chalcedony, lapis lazuli, banded agate,
And you, who invented *repoussé* and granulation.

You, who leafed gold over silver
and covered urns entirely with it,
And you, who formed earrings out of gold and
glass paste, and gold bracelets.

What survives?

Tú, que en Creta, forjaste vasijas de bronce
con tu martillo
tú, que en relieve decoraste calderos con
sirenas.

Tú, que tallaste jaspe, cornalina, esteatita azul,
marfil, calcedonia, lapislázuli, ágata rayada,
tú, que inventaste el repujado y la textura granulada

Tú, que aplicaste oro de hoja sobre plata
y cubriste urnas completas con él,
tú, que fabricaste aretes de oro y
cerámica vidriada, y brazaletes de oro.

¿Qué ha sobrevivido?

[Traductora: Victoria Lee Hood]

SACRO SPECO

En vain j'ai voulu de l'espace
Trouver la fin et le milieu
CHARLES BAUDELAIRE

When you and I
are in the ground,
this will be
a different world.

We will be in the
ultimate sacred space —
not the temporary one
I have today,

Where I write,
nor the one I transport
to the park to paint
that great watercolor.

In the sacred space,
the focus is on the process
or, in the product.

In the *sacro speco*,
sit in your barren cell,
germinate an idea.
Contemplate
— as Kafka did,
as Saint Benedict instructed,
as Rothko painted,
as many envisioned.

SACRO SPECO

Tanto el fin como el centro pretendía
del espacio encontrar, inútilmente.
CHARLES BAUDELAIRE

Cuando tú y yo
estemos en el suelo,
éste será
un mundo diferente.

Estaremos en el
máximo espacio sagrado —
no el temporal que
tengo hoy,

donde escribo,
ni aquel donde transporto
al parque para pintar
esa gran acuarela.

En el espacio sagrado,
el enfoque está en el proceso
o, en el producto.

En el *sacro speco,*
siéntate en tu celda estéril,
germina una idea.
Contempla
— como lo hizo Kafka,
como enseñó San Benito,
como pintó Rothko,
como muchos la vislumbraron.

[Traductora: Silvia Rafti]

LEAVING NEW YORK

If I were to ever leave this city
I know what I would take with me.

A recording of the sights and sounds,
A subway EXIT sign in vibrant red enamel,

Instructions on how to recreate the Linden Terrace,
Replicas of every museum, statue and avenue,

And a taste of every one of
my favorite restaurants.

Considering the cost of extra luggage,
I might as well stay put.

ABANDONAR NUEVA YORK

Si alguna vez dejara esta ciudad
sé lo que me llevaría conmigo.

Una grabación de las vistas y sonidos,
un letrero de SALIDA del metro en un esmaltado rojo
brillante,

instrucciones para reproducir el Linden Terrace,
réplicas de cada museo, estatua y avenida,

y el sabor de cada uno de
mis restaurantes favoritos.

Considerando el costo del equipaje adicional,
mejor me quedo donde estoy.

[Traductora: Silvia Rafti]

DEAR NEW YORK TIMES

It is difficult to stare
at your front page –
pictures of dead soldiers and civilians,
children wearing rubble,
modern day slavery and
victims of shootouts and disasters.

It is not the easiest way to start
the day in my Western comfort/
living room/subway car.

The good the bad and the ugly
are sprawled in your pages,
and my aging eyes sometimes struggle
with the *serif* font as if it were cat
scratches on my arm

But I do my best to read the lamenting prose,
because I know the difference between
headline news and fine journalism

Do I need to be reminded that ¼ of all TB patients are in
India,
that in every war there is the one who pushed the button,
that every martyr had parents and children,
that those who died are victims of fratricide
for all humankind is one big family?

QUERIDO NEW YORK TIMES

Es difícil mirar
tu portada -
fotos de soldados y civiles muertos,
niños con escombros encima,
esclavitud de la era moderna y
víctimas de tiroteos y calamidades.

No es la manera más fácil de empezar
el día en mi comodidad occidental /
sala de estar / vagón de metro.

Lo bueno, lo malo y lo feo
están desparramados en tus páginas,
y mis ojos envejecidos a veces luchan
con la fuente *serif* como si fueran arañazos
de gato en mi brazo.

Pero hago lo que puedo por leer la prosa lamentable,
porque sé la diferencia entre
noticias para titulares y buen periodismo.

¿Necesito que se me recuerde que ¼ de todos los pacientes
                de tuberculosis están en la India,
que en cada guerra hay alguien que aprieta el botón,
que cada mártir tuvo padres e hijos,
que aquellos que murieron son víctimas de fratricidio
porque toda la humanidad es una gran familia?

Too many heroin addicts become organ donors,
how many more veterans will commit suicide this month,
how many more world heritage cities will be destroyed
until our past is no more than a photo album?

And yet I read your pages daily,
for it is my responsibility to let
the world know that I am with them.

Demasiados heroinómanos se convierten en donantes de
órganos,
¿cuántos veteranos más se suicidarán este mes,
cuántas ciudades más, patrimonio de la humanidad se
destruirán
hasta que nuestro pasado sea nada más que un álbum de
fotos?

Y aun así leo tus páginas cada día,
porque es mi responsabilidad que
el mundo sepa que estoy con ellos.

[Traductora: Silvia Rafti]

ABOUT THE AUTHOR

Lola Koundakjian was born in Beirut, Lebanon. She moved to New York City in 1979. She writes in Armenian, her mother tongue, and in English. She has organized evenings dedicated to the Dead Armenian Poets' Society since her university days and has curated online Armenian Poetry Project since 2006.

A regular reader in New York City and its tri-state area, she has appeared in five international poetry festivals: Medellín, Colombia in 2010; Lima, Peru, and Ramallah, West Bank in 2013; Trois-Rivières, Quebec, Canada in 2014, and, Santiago Chile in 2019. Her translations of modern Istanbul poets have been included in Western Armenian language teaching manuals.

Lola has received two literary grants from the Northern Manhattan Arts Alliance and was awarded the Naji Naaman Literary Prize in Lebanon.

Her first volume, The Accidental Observer was published in 2011. Her second manuscript, Advice to a Poet, was a finalist in Armenia's Orange Book Prize in 2012, and was published in a trilingual edition by Amotape Libros in Lima, Peru in 2014.

ACERCA DE LA AUTORA

Lola Koundakjian nació en Beirut, Líbano. En 1979 se mudó a Nueva York. Escribe en armenio, su lengua materna, y en inglés. Ha organizado reuniones dedicadas a la Sociedad de Poetas Armenios Muertos (*Dead Armenian Poets' Society*) desde sus días universitarios y ha curado el Proyecto Armenio de Poesía en internet desde el 2006.

Lectora regular en Nueva York y el área tri-estatal, Lola ha participado en cinco festivales internacionales de poesía: Medellín, Colombia en el 2010; Lima, Perú, y Ramallah, Cisjordania en el 2013; Trois-Rivières, Québec, Canadá en el 2014, y Santiago de Chile en el 2019. Sus traducciones de los poetas modernos de Estambul han sido incluidas en los manuales de enseñanza de Armenia Occidental.

Lola ha recibido dos subvenciones literarias de la Alianza para las Artes del Alto Manhattan (*Northern Manhattan Arts Alliance*) y recibió el Premio Literario Naji Naaman (*Naji Naaman Literary Prize*) en Líbano.

Su primer volumen, *The Accidental Observer* se publicó en el 2011. Su segundo manuscrito, *Advice to a Poet,* fue finalista en el Premio de Libro Naranja (*Orange Book Prize*) de Armenia en el 2012, y se publicó en una edición trilingual por *Amotape Libros* en Lima, Perú en el 2014.

CONTENTS

THE MOON IN THE CUSP OF MY HAND

II

Travelling Around the Sun at the Speed of Life

II

Viajando al rededor del sol a la velocidad de la vida

Colección
MUSEO SALVAJE
Poesía latinoamericana
(Homenaje a Olga Orozco)

Colección
TRÁNSITO DE FUEGO
Poesía centroamericana y mexicana
(Homenaje a Eunice Odio)

Colección
PIEDRA DE LA LOCURA
Antologías personales
(Homenaje a Alejandra Pizarnik)

Colección
LOS PATIOS DEL TIGRE
Nuevas raíces – Nuevos maestros
(Homenaje a Miguel Ángel Bustos)

Colección
MUNDO DEL REVÉS
Poesía infantil
(Homenaje a María Elena Walsh)

1
Amor completo como un esqueleto
Minor Arias Uva

***

Colección
PARED CONTIGUA
Poesía española
(Homenaje a María Victoria Atencia)

1
La orilla libre / The Free Shore
Pedro Larrea

***

Colección
CRUZANDO EL AGUA
Poesía traducida al español
(Homenaje a Sylvia Plath)

1
*The Moon in the Cusp of my Hand /
La luna en la cúspide de mi mano*

Para los que piensan como Baudelaire
que *todo el invierno va a penetrar en mi ser*
[...] y , como el sol en su infierno polar, mi
corazón no será más que un bloque rojo y
helado, este libro se terminó de
imprimir en el mes de enero de 2020
en los Estados Unidos de América.